VOUS CHANTIEZ, J'EN SUIS FORT AISE !

DU MÊME AUTEUR

Romans

L'OGRESSE — *Publibook 2003*
LA COUGAR — *BoD 2016*
MÉLANIE A DISPARU — *BoD 2021*

Théâtre

SACRÉ JEAN-FOUTRE — *BoD 2017*
VOUS RÊVEZ, MAÎTRE — *BoD 2020*
LE CONDITIONNEL — *BoD 2021*

courriel : gobin.jeangabriel@gmail.com

JEAN-GABRIEL GOBIN

VOUS CHANTIEZ, J'EN SUIS FORT AISE !

© 2023, Jean-Gabriel Gobin
Édition : BoD - Books on Demand, info@bod.fr
Impression : BoD - Books on Demand, In de Tarpen 42,
Norderstedt (Allemagne)
Impression à la demande

ISBN : 978-2-3225-0110-6

Dépôt légal : novembre 2023

« 7-8 CRETEIL » est née de la collaboration de deux classes d'écoles primaires : une 7^è (CM2 de l'école du Jeu-de-Paume) et une 8^è (CM1 de l'école Paul Casalis) d'où le « 7-8 ».

Elle s'est ensuite ouverte à des enfants de tous âges scolarisés dans divers établissements de CRETEIL pour devenir « 7-8 CRETEIL ».

De 1976 à 1992, ces artistes en herbe ont présenté divers spectacles musicaux : récitals de chansons mimées et comédies musicales.

Ils ont enregistré plusieurs disques vinyle (45 et 33 tours) ainsi que des cassettes audio (le CD n'était pas encore banalisé).

Le présent recueil réunit quelques chansons originales parmi plus de 350 créées par les petits chanteurs de « 7-8 CRETEIL ».

UNE CHANSON

Des mots de rien du tout,
Venant on ne sait d'où,
Pour dire on ne sait quoi,
Et aussi par surcroît,
Trois notes de musique
Qui là-dessus s'appliquent,
Un rythme cadencé
Pour aider à danser,
Et voilà sans façon
Qu'est née une chanson.

<u>Refrain :</u>
Une chanson,
Petite musiquette
Qui fait tourner la tête
Et perdre la raison.
Une chanson,
Un petit air tout bête,
Soudain c'est jour de fête
Dans toute la maison.

Et rien n'est plus pareil
Quand soudain le soleil
Entre dans la maison
Avec une chanson.
Même le pauvre gueux
A un sourire heureux,
Et rêvant un instant
Qu'il est prince charmant,

Il oublie ses soucis
Et sourit à la vie.

Au refrain

Et puis sèchent les larmes
Et se taisent les armes,
Adieu vaine tristesse,
Tout n'est plus qu'allégresse.
C'est un brin de folie
Qui s'empare de la vie.
C'est comme un cri de joie
Qu'on lance à pleine voix.
Il suffit de chanter
Et soudain c'est l'été.

Au refrain

DU SOLEIL... AU SOLEIL

Regardez-moi dit le soleil
Vraiment je n'ai pas mon pareil.
Tais-toi rétorqua le nuage
Qui lui voila la face.
Alors le vent vint à passer
Et le nuage fut chassé
Lorsque l'arbre se dressant
Soudain coupa le vent.

Arbre tu oublies, dit le grain,
Que sans moi tu ne serais rien,
Mais alors la poule survint
Et picora le grain.
Elle s'en allait chanter victoire
Quand elle fut prise par le renard
Qui s'écria c'est moi le roi,
Mais le chien le chassa.

Qui donc t'a dressé pauvre chien,
Dit l'homme, sans moi tu n'es rien.
Et toi, sans moi, dit la maison,
Tu serais sous les ponts.
Oh ! Dit le feu, reste modeste,
Je te brûlerai maisonnette,
Mais il n'en eut pas le loisir
C'est l'eau qui l'éteignit.

Je sèche l'eau dit le soleil
Vraiment je n'ai pas mon pareil.
Tais-toi rétorqua le nuage
Qui lui voila la face.
Alors le vent...

TOMMY MENTEUR

L'autre jour, dans la rue,
J'allais sur mon vélo,
Lorsque tout à coup j'ai vu
Une puce en moto.
Et soudain, quelle surprise
Quand au passage à niveau
J'ai vu une souris grise
Tirer une loco !

Refrain :
Non on ne te croit pas Tommy
Tu n'es qu'un farceur.
Non on ne te croit pas Tommy
Tu n'es qu'un menteur.

Sur la route d'Argentan,
À côté d'un panneau « stop »,
J'ai vu un éléphant blanc
Faire de l'auto-stop.
Et du coté de Sézanne,
C'est vrai qu'il faisait très chaud,
J'ai vu un hippopotame
S'baigner dans le caniveau.

Au refrain

Dans le pré, derrière chez moi,
J'ai vu un petit âne gris
Qui discutait en patois
Avec une fourmi.

Et puis du sommet d'un pont,
Un pêcheur au grand chapeau
Attrapait des poissons
Avec un lasso.

Au refrain

Mais avant hier matin,
J'allais à la boulangerie
Pour y acheter deux pains
Dont un pas trop cuit.
En ressortant c'est le drame :
Mon vélo a disparu.
Quand je l'ai dit aux gendarmes
Ils ne m'ont pas cru.

C'est bien fait pour toi Tommy
Tu n'es qu'un farceur.
C'est bien fait pour toi Tommy
Tu n'es qu'un menteur.

JOUET MÉCANIQUE

Jouet mécanique,
Tout automatique,
Pantin frénétique
À marche élastique.
Pressez le déclic
C'est automatique,
Le pantin s'agite
Et marche en musique.

Et l'enfant jouait
Toute la journée
Avec le jouet
Qu'on lui avait donné.
Et pendant ce temps là
Son papa travaillait
À l'usine là-bas
Où il fabriquait.

Des trucs mécaniques,
Des trucs électriques,
Des trucs en plastique
Tout automatiques.
Il presse des déclics
Dans un bruit cynique
De supersonique
Ce qui vous explique :

Que lorsqu'il rentrait
Il était fatigué
Et il n'aspirait
Qu'à se reposer.

Mais ça l'agaçait
Quand l'enfant criait
Tant il s'amusait
Avec son jouet.

> *Son Jouet mécanique,*
> *Tout automatique,*
> *Pantin frénétique*
> *À marche élastique.*
> *Pressez le déclic*
> *C'est automatique,*
> *Le pantin s'agite*
> *Et marche en musique.*

Et le père énervé
A brisé le jouet.
L'enfant a pleuré
Son père a crié.
À la fin épuisés
Ils se sont endormis
Et puis ils ont rêvé
Qu'ils étaient deux amis

> *Deux jouets mécaniques,*
> *Tout automatiques,*
> *Pantins frénétiques*
> *À marche élastique.*
> *Pressez le déclic*
> *C'est automatique,*
> *Les pantins s'agitent*
> *Et marchent en musique.*

IMBROGLIO FAMILIAL

Elle avait vingt ans
Elle s'appelait Florence
Sa maman Prudence était veuve de guerre,
Et depuis ce temps
Avec son enfant
Elle vivait là-bas tout au bout d'Asnières.
Il avait vingt ans
Il s'appelait Armand,
Depuis dix ans il avait perdu sa mère,
Son papa Fernand,
Un homme charmant,
Vivait avec lui à l'autre bout d'Asnières.
Mais un jour Prudence
Rencontra Fernand
Et, comme tout de suite ils sympathisèrent,
Ils se virent souvent
Parlant des enfants
Qu'enfin un beau jour ils se présentèrent.

Je m'appelle Prudence
Ma fille c'est Florence
Nous vivons là-bas tout au bout d'Asnières.
Et moi c'est Fernand
Et lui c'est Armand
Nous vivons là-bas à l'autre bout d'Asnières.
Et passe le temps
Les propos charmants,
La jeune Florence épousa le père,

Et puis sa maman
Fréquenta longtemps
Le charmant Armand puis ils s'épousèrent.

> *Et c'est là que les choses commencèrent à se compliquer.*

Car c'est évident,
Épousant Fernand,
Florence devint la belle-mère de sa mère
Qui, femme d'Armand
Et bru de Fernand,
Était pour Armand épouse et grand-mère.
Et encore Armand,
Époux de Prudence,
De la fille Florence devint le beau-père.
Puis un jour Fernand
Clama triomphant :
« Ma femme Florence sera bientôt mère ».

> *Et c'est là que les choses se compliquèrent encore plus.*

Car quand vint l'enfant,
Le fils de Fernand,
Il fut forcément d'Armand le demi-frère.
Et bien-sûr Prudence
Devint par alliance
Mi-sœur de l'enfant dont elle était grand-mère.
Tandis que Fernand,
Étant père d'Armand,

Mari de Prudence, grand-mère de l'enfant,
Devint forcément
Arrière grand-parent
Du fils de Florence, donc de son enfant.

> Et s'il y en a ici
> Qui n'ont pas compris
> Ils peuvent aller se faire expliquer
> Au bureau de la sécurité
> Sociale.
> Y a un employé qui depuis dix ans
> Se penche sur leur dossier
> Et qui se fait des cheveux blancs.

LA FÊTE AU VILLAGE

L'orchestre est arrivé sur la place du village.
Y avait Fernand, y avait Firmin,
Y avait Antoine et Sébastien,
Qui venaient répéter les valses et les balades
Les préludes de Chopin
Qu'ils joueront demain matin.
Demain c'est la fête au village,
On inaugure la statue de Chopin
Qui séjourna un jour dans les parages,
Vous dire pourquoi
Ça on n'en sait trop rien.

Y avait Jo qui était contrebasse,
Et Fernand qui était contre Jo.
Sébastien trouvait pas sa place,
Il avait bu un p'tit coup de trop.
Le seul sérieux c'était Antoine
Avec son beau tambour tout neuf,
Un beau tambour en peau de banane
Qu'il avait acheté rue Marbeuf.
Ils se sont installés
Afin de répéter
Et soudain dans sa tombe
Chopin s'est retourné.
Ils te l'ont esquinté,
Ils te l'ont massacré,
À cent lieues à la ronde
Les chiens se mirent à hurler.

L'orchestre est arrivé sur la place du village.
Y avait Fernand, y avait Firmin,
Y avait Antoine et Sébastien,
Qui venaient répéter les valses et les balades,
Les préludes de Chopin
Qu'ils joueront demain matin.
Demain c'est la fête au village,
On inaugure la statue de Chopin,
Qui séjourna un jour dans les parages,
Vous dire pourquoi
Ça on n'en sait trop rien.

Sébastien jouait de l'hélicon,
Fernand de la trompette à pédale,
Firmin s'emmêlait les crayons
Avec son Tom et ses cymbales.
Le seul sérieux c'était Antoine
Avec son beau tambour tout neuf,
Un beau tambour en peau de banane
Qu'il avait acheté rue Marbeuf.
Le Maire est arrivé
Avec le Député,
Dans la tribune d'honneur
Ils se sont installés.
Les discours ont fusé,
Puis l'orchestre a joué,
Et en moins d'un quart d'heure
Chopin fut massacré.

L'orchestre est venu jouer sur la place du village,
Ils ont joué fort,
Ils ont joué faux,
Ils ont joué comme des cochons.
Ils sont partis contents
Les poches pleines de tomates.
Faut dire que dans le civil
Sont marchands de quatre saisons.
Hier, c'était la fête au village,
Pauvre Chopin, t'en auras eu ta part,
Mais console-toi dans un autre village,
Dimanche prochain ce sera le tour de Mozart.

LE PÈRE NOËL EST EN GRÈVE

<u>Refrain :</u>
Le Père Noël est en grève,
Ça va faire bisquer les copains,
Ceux qui ont commandé des trains
Et tous les jouets dont ils rêvent.
Le père Noël est en grève,
C'était écrit dans les journaux.
Tous les copains l'auront dans le dos,
Ça fera les pieds aux bons élèves.

J'ai rien fait à l'école de l'année
Sauf ennuyer mes petits camarades.
J'ai des zéros partout sur mes cahiers
Je suis le roi, le roi de l'incartade.
Et c'est pareil à la maison,
Je fais sans arrêt des bêtises,
J'abîme les meubles du salon,
Je casse les jouets de ma petite sœur Lise.
C'est bien pour ça,
Comme dit Papa,
Que le père Noël ne passera pas.

Au refrain

Moi, je m'en fiche puisque j'étais puni.
Comme dit mon père je suis insupportable.
Toute l'année je n'ai que des ennuis,
Je suis l'enfant le plus désagréable.

C'est pour ça que le père Noël
Risquait pas de rester coincé,
Lors de sa visite annuelle
Dans le trou de ma cheminée.
Car cette année
J'étais privé,
Mais les autres aussi sont refaits.

Au refrain

<u>Voix off :</u>

« À la suite d'un accord intervenu avec le syndicat des pères Noël, la grève est suspendue sauf pour les enfants qui n'ont pas été sages ».

— Oh ! Mince !

MAMAN

Elle se lève,
Elle n'a pas bien dormi.
Sa nuit brève
Fut peuplée d'insomnies.

Mais elle prend son courage à deux mains
Et elle oublie déjà qu'elle est si fatiguée.
Elle descend comme tous les matins
Dans la cuisine en bas préparer le café.
Calmement elle dispose le pain
Sur la table de bois du petit déjeuner,
Puis se rend près du lit de rotin
Et lui tendant les bras
Elle sourit à bébé.

Et ainsi s'écoulent ses journées
D'amour et de travail et de sollicitude.
Sans répit et, à la nuit tombée,
Même si elle baille tant la journée fut rude,
Elle déplie la table à repasser,
Se remet au travail comme par habitude.
Les soucis de toute la journée
Sur son champ de bataille
Meublent sa solitude.

Et ses mains autrefois si jolies
Sont à présent fripées pour avoir trop donné.
Et le teint de ses joues amaigries
Est à présent marqué par ces longues années.

Et ses reins sont tout endoloris
Tant elle s'est dépensée mais elle veut oublier
,Son destin il est fait du soucis
Elle est là pour donner elle est là pour aimer.

Et plus tard quand elle sera vieille,
Qu'elle restera courbée sous le poids de ses ans,
Le regard terni par le soleil,
La mine chiffonnée et les cheveux tout blancs,
Le retard de ses nuits de sommeil
L'aura défigurée mais pour moi cependant,
Ma mémoire la gardera fidèle
Et pour l'éternité elle restera Maman.

L'HISTOIRE DE L'HISTOIRE

C'est l'histoire d'une histoire
Pas simple à raconter
C'est difficile de croire
Qu'elle ait pu arriver.
Si c'est une bonne histoire,
Un assez bon filon,
Il y a très peu d'espoir
D'en faire une bonne chanson.
C'est pas une histoire triste,
C'est pas une histoire drôle,
Une histoire réaliste
Ou même une histoire folle.
C'est une histoire banale,
Une histoire ordinaire,
Bref l'histoire idéale
Dans le genre populaire.

Notez que si dans un sens
Le thème est un peu creux,
Ça prouve qu'il y a un sens
Et ainsi c'est bien mieux.
Si c'est pas du Shakespeare
Ou même du Jules Verne,
Y a nettement plus pire
Et au moins c'est moderne.
Parce que dans cette histoire,
En réfléchissant bien,
On peut trouver à boire
Et à manger pour rien.

Mais de là à penser
En faire une chanson,
Faut être un peu timbré
Faut que ça tourne pas rond.

Et quant à la musique
Vaut mieux pas en parler,
C'est plus que schématique
Complètement raté.
C'est un air à la gomme
Complètement dépassé,
Bon pour chanteur aphone
Pour musicien raté.
C'est plus que de la bouillie,
C'est même pas une musique,
Ça vaut pas une roupie,
Tiens ! y a même pas de gimmick.
C'est vraiment pas possible
D'appeler ça une chanson
C'est un machin horrible
Bon à jeter aux cochons.

Il y en a qui diront
Y a quand même une histoire,
Même si tout n'est pas bon
Y a quand même un espoir.
Faut pas qu'ils s'illusionnent
Car l'auteur de la chanson,
Ben son fameux sujet
Il s'en rappelle même pas.

Vraiment c'est pas croyable...
Tiens puis ça rime même plus !
C'est une chanson idiote
C'est une chanson foutue.
Y a vraiment des auteurs
Qui souffrent pas de complexes,
Qui mériteraient sur l'heure
Un bon coup de pied aux fesses.

Vraiment si après ça
Y en a qui applaudissent
Ils vaudraient mieux qu'ils voient
Tout de suite un spécialiste.
Une seule chose est vraie
Celui qui a écrit ça
Il aurait bien mieux fait
De se casser un bras.
Il aurait bien mieux fait
De la mettre à la poubelle
Et tout de suite après
Se brûler la cervelle.
Car vraiment son histoire
C'est bête à en pleurer.
Oh ! et puis y en a marre,
Cessons donc d'en parler.

JO LA TERREUR

<u>Refrain :</u>
Avec son grand flingue à vapeur
Qui peut tirer six coups et demi,
Dans tout l'ouest il est la terreur
La preuve c'est lui-même qui le dit.
Sa cartouchière en peau de banane
Et son lasso téléguidé
Et puis son foulard rouge pivoine
En font un cow-boy redouté.
Et qu'une mouche vienne à l'agacer
Il lui fourre une balle dans la cuisse,
Il vaut mieux ne pas l'exciter,
Il n'a pas l'âme modératrice.

Quand il cavale,
Là-bas dans la prairie,
Mieux vaut se méfier de son lasso.
C'est pas la première fois
Qu'il attrape une souris,
Un rat, une taupe ou un mulot.
Et pensez pas surtout
Qu'il est un rien du tout.

Au refrain

Seulement voilà,
Il est tellement petit
Que ses flingues il peut pas les porter.

Et pour grimper
Sur son cheval pardi,
Il lui faut l'échelle des pompiers.
Mais pensez pas surtout
Qu'il est un rien du tout.

Au refrain

Seulement, un jour
Qu'il avait un peu plu,
Comme il longeait un caniveau,
Il a glissé
Du trottoir, il a chu
Et s'est noyé dans une flaque d'eau.
Mais pensez pas surtout
Qu'il était rien du tout.

Avec son grand flingue à vapeur
Qui tirait six coups et demi,
Dans tout l'ouest c'était la terreur
La preuve lui-même l'avait dit.
Sa cartouchière en peau de banane
Et son lasso téléguidé,
Et puis son foulard rouge pivoine
En faisait un cow-boy redouté.
Et qu'une mouche vienne à l'agacer,
Lui fourrait une balle dans la cuisse,
Valait mieux ne pas l'exciter.
Dommage qu'il n'ait pas su nager.

LE MUET

C'était un cha
C'était un cha
C'était un charmant p'tit garçon,
Qui était plein de 'tits c
Qui était plein de 'tits c
Qui était plein de 'tits côtés mignons.
L'avait des pou
L'avait des pou
L'avait des pouvoirs de séduction,
Il était l'aî
Il était l'aî
Il était l'aîné de trois garçons.

> *Refrain :*
> *Brave petit garçon sympa,*
> *Il n'avait qu'un seul défaut,*
> *Il tenait de son papa,*
> *Il ne disait pas un mot.*
> *Hélas quand il était né*
> *L'était muet !*

Mais un tou-tou
Mais un tou-tou
Mais un toubib qui le soignait,
Qui était sou
Qui était sou
Qui était souvent plein de succès,

Pour les bé-bé
Pour les bé-bé
Pour les bégayeurs qu'il traitait,
Qui souvent gué
Qui souvent gué
Qui souvent guérissaient c'est vrai.

Au refrain

Et le do-do
Et le do-do
Et le Docteur l'examina.
Il était cher
Il était cher
Il était chercheur et trouva
Une mé-mé
Une mé-mé
Une médication extra,
Et l'enfant put
Et l'enfant put
Put prononcer un mot par mois.

Brave petit garçon sympa
Perdit enfin son défaut,
Contrairement à son papa
Pouvait enfin dire un mot.
Un mot par mois, si c'est peu,
C'était mieux.

Puis il fut mal
Puis il fut mal
Puis il fut malade une fois.
On le vit mor
On le vit mor
On le vit moralement à plat.
Et il se tut
Et il se tut
Et ils se tut pendant deux mois.
Oui mais il put
Oui mais il put
Put dire deux mots la prochaine fois.

Brave petit garçon sympa
Pouvait donc dire plusieurs mots.
Il suffisait pour cela
Qu'il se taise le temps qu'il faut.
Fallait bien de la patience
Mais quelle chance !

Un jour de ven
Un jour de ven
Un jour de vendanges on fêtait
Fêtait ses vin
Fêtait ses vin
Fêtait ses vingt-deux années
Quand il fut sou
Quand il fut sou
Soudain surpris par une jeune fille

Qui par sa beau
Qui par sa beau
Qui par sa beauté le séduisit.

> *Brave petit garçon sympa*
> *Eut voulu dire « Je vous aime »,*
> *Mais pour dire ces trois mots-là*
> *Il fallait trois mois quand même.*
> *Trois mois pour dire sa passion*
> *C'est bien long.*

Combien de cou
Combien de cou
Combien de courage il fallut.
Il fut pa-pa
Il fut pa-pa
Il fut patient autant qu'il put.
Puis un beau-beau
puis un beau-beau
Puis un beau jour enfin survint
Où à ce « je »
Où à ce « je »
Où à ce « je vous aime » parvint.

> *« Brave petit garçon sympa »,*
> *Aussitôt elle lui réplique*
> *En sortant de son cabas*
> *Un vieux cornet acoustique :*
> *« Je suis sourde pourriez-vous*
> *Répéter ? »*

QUAND REVIENT LE JOLI MAI

<u>Refrain :</u>
Quand revient le joli mai
On s'évade, on s'évade.
Quand revient le joli mai
On s'en va vers les jardins.

On s'évade à tire-d'aile,
Et la nature fait merveille,
Quand vient la saison nouvelle,
Quand le printemps nous revient.
On s'évade à tire-d'aile,
Et dans notre cœur s'éveille,
S'allume une joie nouvelle,
On se sent soudain si bien.

Au refrain

On s'en va tous en copains,
Et tous ensemble on est bien,
Quand on succombe soudain
Au charme d'un paradis.
On s'en va tous en copains,
Oubliant le quotidien,
Les peines et les chagrins
Et tous les petits soucis.

Au refrain

Et la nature sent si bon.
On respire à plein poumons.
Soudain plus de pollution
Mais seulement le parfum,
L'odeur de la floraison,
Le muguet qui sent si bon,
Et les roses en boutons
Qui vont éclore demain.

Au refrain

Un rêve nous ensorcelle :
Un loup parle à une agnelle,
Il n'y a plus de querelles
Tout le monde s'entend bien.
Le lion côtoie la gazelle,
Et tout là-haut dans le ciel
S'envole une tourterelle
Pour nous dire que tout va bien.

Au refrain

LA VAGUE

Y a des jours,
Des soirs, des matins,
Des jours où plus rien ne va bien,
On a l'esprit chagrin.
On maudit les amis, les copains,
Excédé on voudrait soudain
S'en aller là-bas loin très loin.
Et tel Robinson Crusoé,
Vers des terres inexplorées
On voudrait pouvoir s'évader,
Tout laisser, tout abandonner,
Pour connaître la félicité
Que les hommes ont nommé « Liberté ».

Le regard vague,
Le vague à l'âme,
On se retrouve un beau matin
Face à la vague
Qui vous désarme
Balayant tout sur son chemin.
Et puis la vague
Chasse la vague,
Un rayon de soleil soudain,
Un copain qui vous tend la main,
Un sourire, un mot,
Presque rien
Et l'on réalise soudain
Qu'entre copains on est si bien.

Oui, quand la vague
Chasse la vague,
Qu'on marche tous main dans la main,
Pris sous le charme,
Plus une larme,
L'amitié nous guide en chemin.
Et puis la vague
Chasse la vague,
Un rayon de soleil soudain,
Un copain qui vous tend la main,
Un sourire, un mot
Presque rien,
Et l'on réalise soudain
Qu'entre copains
On est bien.

LES JEUX OLYMPIQUES

Dans le grand stade d'Olympie
Ils sont tous là rassemblés.
Les Crétois ceux de Thessalie
Les Hellènes et les autres cités.
Car ce sont les jeux olympiques
Qui célèbrent l'amitié
Et toute la Grèce antique
Est venue y assister.
Sur les gradins granitiques,
Y a plus une place à trouver,
Le petit commerce en profite
Tous les quatre ans c'est bourré.

> *« Demandez le programme avec la photographie des artistes ! »*

Mais soudain dans le stade antique,
La foule entière s'est dressée,
Car les voilà qui rappliquent
Les athlètes. « trompettes sonnez ! »

Il y a là le grand Brutus,
Démoclès et Falbala,
Démosthène et puis Gracchus,
Et le petit Caligula.
On se défie à la lutte
Et dans un glorieux effort,
On s'enfile des uppercuts,
C'est ça l'amitié dans le sport.

Dans le grand stade d'Olympie
Ils sont tous là rassemblés,
Les journaux, la radio, la télé,
Sur les bancs de la presse sont pressés.
Car ce sont les jeux olympiques
Qui célèbrent l'amitié
Et toute la Grèce antique
Est venue y assister.
Sur les gradins granitiques
Y a plus une place à trouver,
Le petit commerce en profite
Tous les quatre ans c'est bourré.

« Bonbons caramels esquimaux chocolats glacés »

Puis c'est la gloire du podium,
Les efforts récompensés,
Réconciliation des hommes,
Gloire aux forts ! « trompettes sonnez ! »

Et quand vient la course de chars,
La foule entière est debout.
On se dresse pour mieux les voir,
On s'écrie « vas-y Poupou ! »
Et dans le dernier virage,
Caligula sort en tête,
Mais pas possible il enrage :
Il a éclaté une basket.

Dans le grand stade d'Olympie,
Ils étaient là rassemblés,
Les Crétois, ceux de Thessalie,
Les Hellènes et les autres cités.
Car c'étaient les jeux olympiques
Qui célébraient l'amitié,
Et toute la Grèce antique
Était là pour y assister.
Sur les gradins granitiques,
À présent c'est terminé.
Le petit commerce compte ses briques.
Dans quatre ans on va se retrouver.

LES PETITES TÊTES

Quand on est gai, qu'on est heureux,
On a envie de le crier.
De dire combien c'est merveilleux
De partager notre amitié.
Alors sur un air de guitare
Qu'on rythme avec un tambourin,
Que les flûtes reprennent en fanfare
Et qu'on marque en battant des mains,
Tous ensemble on se met à chanter
À chanter et puis à danser.

<u>*Refrain :*</u>
Ti bi di bi di bi di bi dam
Ti bi di bi di bi di bi dam...

On sort pas du conservatoire,
On n'a pas des voix d'opéra,
On a plutôt un ton criard
Mais on s'en fait pas trop pour ça.
On chante des airs sans prétention
Sur des paroles plutôt banales,
Et tant pis si nos partitions
Ne sont pas très originales.
C'qui compte pour nous c'est de chanter
Pour exprimer notre gaieté.

Au refrain

On ne se prend pas au sérieux,
On sera jamais des vedettes,
Mais on s'en fiche on est heureux
Et puis on n'a pas la grosse tête.
On n'est pas dans les hit-parades,
On passera pas à l'Olympia,
Et c'est pas demain qu'on détrônera
Les petits Chanteurs à la Croix de Bois.
Mais tout ça nous est bien égal,
On est heureux c'est le principal.

Au refrain

LE NOUVEAU STADE

Dimanche dernier tout le village
Inaugurait en grand tapage
Le nouveau stade de football
Construit à côté de l'école.
Les majorettes ont défilé,
Marchant toutes au pas cadencé,
Accompagnées par la fanfare
Ça faisait un fameux pétard.

Y avait le Maire, le Député
Et le Capitaine des pompiers.
Y avait une équipe de champions
Pour inaugurer le gazon.
Y avait tous les joyeux fêtards,
Ils étaient ronds pour la plupart,
Dans une ambiance à tout casser
On peut dire qu'on a rigolé.

Marchait en tête le gros Victor
Qui servait de tambour-major.
De sa canne à pommeau ciselé
Il faisait de grands moulinets.
Mais comme il est un peu distrait,
Il s'est a moitié assommé.
La fanfare n'a pas pu stopper
Et tout le monde s'est étalé.

> *Y avait le Maire, le Député*
> *Et le Capitaine des pompiers.*
> *Y avait une équipe de champions,*
> *Tous à quatre pattes sur le gazon.*
> *Y avait tous les joyeux fêtards,*
> *Ils étaient ronds pour la plupart.*
> *Dans une ambiance à tout casser*
> *On peut dire qu'on a rigolé.*

On est arrivé sur le stade,
Ce fut une belle bousculade
Car quand on a voulu entrer
On n'a pas retrouvé la clé.
Il a fallu sauter le mur,
Ce ne fut pas une sinécure,
Car quand tout le monde y fut grimpé
Il s'est subitement effondré.

> *Y avait le Maire, le Député*
> *Et le Capitaine des pompiers.*
> *Y avait une équipe de champions,*
> *Ils étaient tous en perdition.*
> *Y avait tous les joyeux fêtards,*
> *Ils étaient ronds pour la plupart.*
> *Dans une ambiance à tout casser*
> *On peut dire qu'on a rigolé.*

Régnait une ambiance du tonnerre
Tant hurlaient tous les supporters.
L'arbitre était si excité
Qu'il a avalé son sifflet.

On a perdu quarante à un ;
Pour un début c'est assez bien,
Mais en tirant le feu d'artifice
On a mit le feu à l'édifice.

> *Y avait le Maire, le Député*
> *Et le Capitaine des pompiers.*
> *Y avait une équipe de champions*
> *Ils étaient tous en perdition.*
> *Y avait tous les joyeux fêtards,*
> *Ils étaient ronds pour la plupart.*
> *Dans une ambiance à tout casser*
> *On peut dire qu'on a rigolé.*
> *Et comme tout est à recommencer*
> *L'an prochain on va s'amuser.*

AVOIR DIX ANS

Refrain :
Qu'est-ce que c'est bien
Qu'est-ce que c'est bien d'avoir dix ans !
Qu'est-ce que c'est bien
Qu'est-ce que c'est bien c'est épatant !
Prendre la vie en souriant,
Prendre la vie en s'amusant,
Qu'est-ce que c'est bien
Qu'est-ce que c'est bien d'avoir dix ans !
Qu'est -ce que c'est bien
Qu'est-ce que c'est bien d'avoir dix ans !
Qu'est-ce que c'est bien
Quand on prend la vie en chantant !
Qu'est-ce que c'est bien d'avoir dix ans,
Croquer la vie à belles dents,
Qu'est-ce que c'est bien
Qu'est-ce que c'est bien d'avoir dix ans !

Quand maman dit : « écoute,
« Écoute mon enfant,
« Si tu ne manges pas ta soupe
« Tu ne seras jamais grand. »
Qu'est-ce que cela peut faire ?
Après tout j'ai dix ans,
Le reste m'indiffère
Et je lui réponds simplement :

Au refrain

Les ronchons, les grincheux,
Répètent tout le temps :
« Attends encore un peu,
« Lorsque tu seras grand,
« Quand viendront les soucis,
« Alors tu comprendras
« Ce que c'est que la vie... »
Je réponds : « ça ne presse pas »

Au refrain

ADIEU LES AMIS

On a le cœur serré
Quand la fête s'achève,
Que les lampions s'éteignent
Et qu'il faut se quitter.
On a le cœur serré
Quand finit le beau rêve
Qui nous parlait de trêve
De paix et d'amitié.
Dire qu'on était si bien,
Qu'on avait oublié
Nos querelles passées
Nos disputes pour rien,
Dire qu'on était si bien
Et que tout est fini,
Mais c'est toujours ainsi
Et nous n'y pouvons rien.

Adieu tous les amis,
Ne soyons pas tristes pour ça,
Ce n'est qu'un au revoir
Et, l'amitié qui nous unit
Rend nos cœurs pleins d'espoir
Même si la fête est finie,
Car on sait qu'entre amis
Demain on se retrouvera.
Adieu tous les amis,
Ne soyons pas tristes pour ça,
Ce n'est qu'un au revoir
Demain on se retrouvera.

Extraits du spectacle musical

« LA MACHINE À VOYAGER »

créé le 12 mai 1978 par « 7-8 CRÉTEIL »

LA MACHINE A VOYAGER

Déjà quand il était petit
Il avait l'esprit inventeur.
Très vite on décela chez lui
De vrais talents de bricoleur.
Avec des machins et puis des bazars
Des trucs, des bidules, des choses et des fourbis,
Il vous fabriquait des business,
Des bricoles, des trucmuches,
Des bardas, des choses-machin-chouette,
Des bins et des schmolducs.

Il collectionnait des bricoles
Qu'il trouvait un peu n'importe où.
Des marteaux, des pinces, des chignoles,
Des vis, des boulons, des écrous.
Avec une vieille télé,
Un rasoir électrique,
Une machine à laver
Et une guitare rythmique,
Il fabriquait une bicyclette
Avec, tenez-vous bien,
Moteur devant, lunette arrière,
Compte-tours, essuie-glace, frein à main.

Et puis, pendant pas mal de temps,
Le hanta une curieuse idée.
Il y réfléchit bien longtemps
Et puis soudain dit « j'ai trouvé ! »

« Avec des machins et puis des bazars,
« des trucs, des bidules, des choses et des fourbis,
« Je vais fabriquer des business,
« Des bricoles, des trucmuches,
« Des bardas, des choses machin-chouette,
« Des bins et des schmolducs ».

Alors dans son dans son laboratoire
Il s'enferma pendant un an,
Bricolant le soir très très tard,
Remaniant sans cesse ses plans.
Puis un beau matin,
Il sortit, triomphant,
Une drôle de machine
Du genre cigare volant.
Il dit « voilà j'ai terminé
« L'engin dont j'ai tant rêvé.
« Je n'ai plus qu'à faire démarrer
« La machine à voyager.
« Elle vous mènera n'importe où
« Dans les pays les plus fous,
« Vers les temps les plus reculés
« Ou les plus avancés ».

LA MACHINE EST DÉTRAQUÉE

L'inventeur inventif
Envoûté à vingt ans
En vint à inventer,
Sans vanter c'est évident,
Un engin lévitant
L'emportant dans le temps,
Quand survint un contretemps
Déroutant et inquiétant.

<u>Refrain :</u>
La machine, la machine,
La machine est détraquée.
La machine, la machine,
La machine est détraquée.

Des critiques antithétiques
Lui débitent, c'est classique,
Des critiques sarcastiques
Et des remarques caustiques,
Édictant des dialectiques
Prosaïques et typiques,
Sur la pratique utopique
Du voyage dans le temps.

Au refrain

L'opuscule, qui cumule
Les formules et calculs,

Stipule que la capsule
Se régule par modules.
Mais des bulles minuscules
Pullulent et s'accumulent
Et jugulent le recul,
Ce qui bloque la capsule

Au refrain

La vaseline des turbines
Dégouline et s'agglutine
Dans les bobines voisines
Qu'abîme la calamine,
Ce qui mine la vaseline
Richissime et rarissime
Et déprime le régime
De la cabine qui patine.

Au refrain

Reprise concomitante des 6 premiers vers de chaque couplet suivie de :
« Flûte alors, dit le savant,
« J'ai oublié de brancher ».

La machine, la machine,
La machine est réparée.
La machine, la machine,
La machine est réparée

Bruit d'explosion !

EN PLEINE FORÊT VIERGE

Sur un coin de la berge,
L'engin s'était posé,
En pleine forêt vierge
Au milieu des palmiers,
Mais quand les crocodiles
Se sont avancés,
Est-ce que c'est bien utile
Dit l'homme de rester ?
Alors, dans sa machine
Vite fait il est remonté,
Mais voilà que la turbine
Voulait pas démarrer.
Et les bonnes petites bêtes
Lentement s'avançaient.
Assis sur sa banquette
L'homme se désolait.

Mais qu'est-ce qu'il se passe dans la machine,
Il n'y a plus d'électricité ?
Les crocos se léchaient les babines,
Y a de la viande fraîche à débiter.

Puis soudain sur la berge
Une flèche a sifflé,
En pleine forêt vierge
Au milieu des palmiers.
Alors les crocodiles
Se sont regardés,

Puis précaution habile
Préférèrent filer
Car, derrière la machine,
Se pointaient des guerriers
Aux curieuses bobines
Avec flèches et carniers.
Et les bonnes petites têtes
Lentement s'avançaient,
Assis sur sa banquette
L'homme se désolait.

Mais qu'est-ce qu'il se passe dans la machine,
Il n'y a plus d'électricité ?
Les guerriers se léchaient les babines,
Y a de la viande fraîche à débiter.

Et encore sur la berge,
On entendit feuler
En pleine forêt vierge
Au milieu des palmiers.
Et les anthropophages
Préférèrent filer
Loin vers d'autres rivages
Renonçant à dîner,
Car au-dessus de la machine
Des lions avaient surgi,
Se léchant les babines
Avec grand appétit.
Et les bonnes petites bêtes
Lentement s'avançaient,

Assis sur sa banquette
L'homme se désolait.

Mais qu'est-ce qu'il se passe dans la machine,
Il n'y a plus d'électricité ?
Les lions se léchaient les babines,
Y a de la viande fraîche à débiter.

Puis, devant la machine,
Les lions se sont regardés.
Cette drôle de cabine
Dût pas les inspirer.
Ils prirent l'air dégoûté
Et puis s'en sont allés
Et l'homme soulagé
Pensa je suis sauvé.
Oui, mais les crocodiles
Qui n'avaient pas dîné,
D'un petit pas tranquille
Vers l'homme revenaient.
Et les bonnes petites bêtes
Lentement s'avançaient.
Assis sur sa banquette
L'homme se désolait.

Mais qu'est-ce qu'il se passe
Dans la machine...

LE SOLEIL ET LA LUNE

Le soleil s'est pointé, là-haut sur la colline,
Au-dessus des sapins en uniforme vert.
Réchauffez-vous, dit-il, vous avez triste mine.
Ils ont dit on s'en fout on est des conifères.
Le soleil a souri, il n'a pas répondu.
Il est d'humeur enjouée, il pense à autre chose.
Il a un rendez-vous, il en est tout ému.
Elle ne tardera plus, du moins il le suppose.

Refrain :
J'ai rendez-vous ce soir avec la lune,
Dit le soleil, je vais lui raconter
Toutes les joies toutes les infortunes,
Qu'autour du monde j'ai pu observer.

Le soleil s'impatiente, la lune ne vient pas.
Pourvu qu'une fois encore elle n'ait pas oublié.
Y a déjà près d'une heure qu'elle devrait être là.
Elle sait pourtant bien que je suis très pressé.
J'ai le tour du monde à faire et puis, demain matin,
Il faut que je sois là, de retour de bonne heure.
Les gens n'imaginent pas, je brille il trouve ça bien,
Mais j'ai quarante mille bornes à faire en vingt-
                                    quatre heures.

Au refrain

Le soleil a songé, je lui dirais aussi,
Je lui dirai combien je la trouve jolie.

Je lui dirai surtout qu'elle est plus qu'une amie.
Et rien que d'y penser le soleil a rougi.
Mais le temps a passé, comme il se faisait tard,
C'est avec des regrets qu'il a dû s'en aller.
Il s'est mis à pleurer et on a vu pleuvoir,
Mais pour le consoler un nuage a chanté :

> *T'as rendez-vous demain avec la Lune,*
> *Et tu pourras alors lui raconter*
> *Toutes les joies toutes les infortunes*
> *Qu'autour du monde tu auras observé.*

JULIEN

Le soleil est parti
Pour faire son tour du monde,
La lune est apparue dans le ciel étoilé,
Julien s'est endormi
Et en quelques secondes
Les anges sont venus
Il s'est mis à rêver.
Il a rêvé longtemps
D'un grand bateau à voile
Perdu sur l'océan
Sous un ciel plein d'étoiles.
Il a rêvé aussi
Des terres de l'Australie,
Des révoltes au Mexique,
Des colons d'Acadie.
Dans le tout petit lit
Où il s'est endormi,
Ses rêves l'ont séduit
Et Julien a souri.

Il a vu dans son rêve
Une drôle de machine,
Qui l'a mené partout
Dans des pays lointains.
Un voyage sans trêve
À démarche lutine,
Dans un monde un peu fou
Mais où l'on est si bien.

Il a vu des Gaulois,
Une maison de rêve,
Une drôle de queue de chat,
Un Père Noël en grève,
Un cow-boy bien typique,
Et les jeux olympiques,
Des naufragés caustiques,
Une famille épique.
Dans le tout petit lit
Où il s'est endormi,
Ses rêves l'ont conquis
Et Julien a souri.

Extraits de la comédie musicale

« CEUX D'EN FACE »

créée le 28 mai 1982 par « 7-8 CRÉTEIL »

CHOU, BIJOU, CAILLOU

Là-bas derrière l'école l'est un terrain sauvage
Qui garde les secrets des enfants du quartier,
Dimanche et mercredi les gosses du village
Viennent pour y danser cette ronde enchantée.

Refrain :
Chou, bijou, caillou,
Oublions la grammaire,
Hibou, joujou, pou,
La nature est à nous.
Chou, bijou, caillou,
Sautons la barrière.
Hibou, joujou, pou,
Tant pis si l'on est fou.

Un bandeau sur les yeux, comme à colin-maillard,
Prends garde funambule sur ton câble doré.
Tu franchis les montagnes, mais le moindre faux pas,
Dans un gouffre sans fond peut te précipiter.

Au refrain

En pleine forêt vierge, les chasseurs ont traqué
Un troupeau d'éléphants qu'il voulait massacrer,
Mais un lapin armé les a menacés,
Les chasseurs affolés sitôt s'en sont allés.

Au refrain

Sur le jeu de marelle, lance bien ton palais
Et va le rechercher en sautant à cloche-pied,
Mais en le ramassant gare à ne pas chuter
Car ce serait l'enfer pour l'éternité.

Au refrain

LE JOUR S'ACHÈVE

Refrain :
Le jour s'achève,
L'ombre s'étend,
Instant de trêve
Pour les vivants.
Le jour s'achève,
L'ombre s'étend,
Le temps du rêve
Vient à présent.

La Lune pâle vient s'installer
Et mille étoiles vont scintiller.
Dans la nature enfin calmée,
Le vent murmure « enfants dormez ».

Au refrain

Dans le silence au fond des bois
Les lapins dansent dans la joie.
Pour quelques heures plus de tracas
Car le chasseur ne viendra pas.

Au refrain

Tous les malheurs sont oubliés
Pour quelques heures bien méritées,
Plus de souci plus de tracas,
Vienne l'oubli la nuit est là.

Au refrain

VIVE L'AMITIE

Oubliant nos soucis demain,
Oubliant nos querelles,
Comme la vie est belle,
On ira en copains
Et, marchant la main dans la main
Dans la ville nouvelle,
On ira faire la belle
Sur le nouveau terrain.

Et dès le lundi,
Comme de bons amis,
Quand viendra le soir
Après nos devoirs,
On se retrouvera
Pour aller s'amuser
Et pour se dépenser
Et puis pour oublier
Qu'on s'était disputé,
Vive l'amitié.

(Chaque couplet est chanté sur un rythme un peu plus rapide que le précédent)

Et puis le mardi,
Comme de bons amis…

Et le mercredi…

Et puis le jeudi…

Et le vendredi…

Et le samedi…

Le dimanche aussi

Et puis le lundi…

ad libitum

Extraits de la comédie musicale

« QUAND LA PORTE EST OUVERTE »

créée en 1984 par « 7-8 CRÉTEIL »

LA LEÇON DU LUTIN

Écoutez gamins, écoutez-moi bien,
La grammaire elle n'est pas sorcière.
Écoutez-moi bien et réfléchissez,
Après moi répétez.

Une caserne avec un pompiers,
C'est le singulier, c'est le singulier.
Une caserne avec un pompier,
C'est le singulier.
De la hure pour le déjeuner,
C'est du sanglier, c'est du sanglier.
De la hure pour le déjeuner
C'est assez singulier.
Et si les oiseaux ont deux ailes,
Ça devient pluriel, ça devient pluriel.
Oui si les oiseaux ont deux ailes
C'est pour mieux s'envoler.
Et si l'on met aussi
Deux « L » à papillons
C'est qu'ils volent aussi
Comme les oisillons

Écoutez gamins, écoutez-moi bien,
Les mathématiques sont assez pratiques.
Écoutez-moi bien et réfléchissez,
Après moi répétez.

Si six scies scient six cyprès,
Six-cent-six scies scient six-cent-six cyprès.
Si ces scies scient ces cyprès,
Y a plus de forêt.
Si six scies scient six cigares,
Six-cent-six scies scient six-cent-six cigares.
Si six scies scient ces cigares,
Ça fait tousser gare !
Et, si ces six scies-ci
Scient six saucissons secs,
Ces six saucissons-ci
Sont six saucissons secs.

Écoutez gamins, écoutez-moi bien,
La géographie s'étudie ainsi.
Écoutez-moi bien et réfléchissez,
Après moi répétez.

De Troyes pour aller à Sète
Il faut emprunter la nationale 7.
De Troyes pour aller à Sète
On prend la RN7.
Pour aller de Roubaix dans l'Ain
On prend l'autoroute, l'autoroute A1.
Pour aller de Roubaix dans l'Ain
C'est l'autoroute A1.
Les habitants de Paris sont des Parigots,
Mais ceux de Berlin
Les habitants de Berlin
Ce sont des Berlingots.

Ainsi, vous le voyez,
Pour ne pas s'ennuyer,
Il faut pour étudier
Savoir aussi chanter.

À QUOI RÊVENT LES ENFANTS

Refrain :
Voilà à quoi rêvent les enfants
Le soir en s'endormant,
Ils partent pour un pays merveilleux
Où tout le monde est heureux.

Un pays, dont bien sûr les enfants
Seraient les rois évidemment.
Un pays rose, un pays charmant,
Un pays épatant.

Au refrain

Un pays où tout le monde est ami,
Un pays où jamais on ne s'ennuie,
Un pays qui ne connaît pas la pluie,
Un petit paradis.

Au refrain

Un pays où l'on ignore la guerre,
Où l'on ne connaît pas la misère,
Un pays où tous les hommes sont frères,
Un paradis sur terre.

Au refrain

Un pays plein de gentils animaux,
Un pays plein d'animaux rigolos,

Où l'on entend que le chant des oiseaux
Et celui des ruisseaux.

Au refrain

Extraits de la comédie musicale

« UNE HISTOIRE DE L'HISTOIRE »

créée le 27 mai 1985 par « 7-8 CRÉTEIL »

NOS ANCÊTRES LES GAULOIS

Nos ancêtres les Gaulois
Ne songeaient qu'à faire la fête.
Ils ne connaissaient de loi
Que celle de la hachette.
Ils s'en allaient dans les bois
Chasser toutes sortes de bêtes
Et le druide, quant à soi,
Équipé de sa serpette,
Parcourait aussi les bois
Pour y faire sa cueillette.

<u>Refrain :</u>
Et puis tous les samedis soir,
Ils se retrouvaient c'est chouette,
Se racontaient des histoires
Et ils chantaient à tue-tête.
Ils riaient à qui mieux mieux
Au son de leur musiquette,
Tout en surveillant les cieux,
Même quand ils étaient pompettes,
Car ils craignaient que les dieux
Les leur lâchent sur la tête.

Quand revenait le lundi,
Il fallait naturellement,
Songer de nouveau pardi
À faire le ravitaillement.
Ils allaient donc au mammouth,
Emportant évidemment

Des sandwiches pour la route
Afin que, de temps en temps,
Ils puissent casser la croûte
Car chasser c'est épuisant.

Au refrain

Et comme ils étaient futés,
Dans tous les petits villages
Ils exerçaient dix métiers
Du forgeron au tissage,
Et le dimanche au marché
Ils faisaient du marchandage :
Dix canards, trois douzaines d'œufs
Contre une poule et un mouton,
Ça vaut pas la carte bleue
Mais ça évite l'inflation.

Au refrain

LA MARCHE DES ROMAINS

Au son du tambourin,
Hardis soldats romains,
De victoires en victoires
Nous marchons vers la gloire.
Et après tant de guerres,
Tu pourras être fier,
D'avoir conquis la Gaule
Toi, général…   …César.

Rien ne nous arrêtera,
Ni la peur, ni le froid,
La faim qui nous tenaille,
La rigueur des batailles.
Toujours nous marcherons,
Et toujours nous vaincrons,
Quitte à manger de l'herbe
Et marcher dans la…   …boue.

Et en Gaule demain,
On parlera latin,
On nous obéira
Et chacun se soumettra.
C'est alors que César,
Brandissant l'étendard,
Passera le Rubicon,
Preuve qu'il est le plus…   …fort.

LES ROIS FAINÉANTS

Nous, on bulle,
On fait des bulles,
On fait passer le temps.
On se prélasse,
On se délasse,
On prend du bon temps.
On prend l'air
Car ne rien faire
C'est palpitant.
Sans souci
On prend la vie,
On est fainéants.

Le lundi
Et le mardi
On regarde passer le temps.
Mercredi
Et puis jeudi
On en fait autant.
Vendredi
Et puis samedi
On est content
Car on sait
Que le jour d'après
Sera reposant.

Dans nos lits,
Quand on s'ennuie,
Pour passer le temps,

On s'endort,
On fait le mort
Pendant un moment.
On se réveille,
Y a du soleil,
Mais bien souvent,
Ces merveilles
Donnant sommeil,
On redort un moment.

Puis on bouffe
Et on rebouffe
Pour passer le temps,
Et glou glou
On boit un coup
Ça fait chaud là-dedans.
L'appétit,
Petit à petit
Vient en mangeant.
Y a des restes,
Faut faire un geste,
Alors on en reprend.

Nous, on bulle,
On fait des bulles,
On fait passer le temps.
On se prélasse,
On se délasse,
On prend du bon temps.

On prend l'air
Car ne rien faire
C'est palpitant.
Sans souci
On prend la vie,
On est fainéants.

ON SE RETROUVAIT

Quand on parle d'histoire,
On ne pense souvent
Qu'à ces périodes noires,
Aux hommes combattants.
Mais les pauvres soldats
Ne songeaient bien souvent
Qu'à la fin des combats
Pour retrouver le temps
Où avec les parents
Les amis, les enfants...

<u>Refrain :</u>
On se retrouvait
Pour chanter et danser,
Pour oublier la guerre,
Oublier la misère.
On se retrouverait
Pour chanter et danser,
Et prendre du bon temps
Au moins de temps en temps.

Et là-bas dans les terres,
Les pauvres paysans
Subissaient la misère.
Ils suaient eau et sang.
Mais ils savaient aussi
Oublier par moment
Les peines et les soucis,

Les durs travaux des champs.
Alors soudain joyeux,
Tous autour d'un grand feu...

Au refrain

Et aussi, dans les villes,
Au temps du moyen âge,
Elle n'était pas facile
La vie, pas davantage.
Dans de tristes taudis
Sans hygiène et sans soin,
Le pauvre peuple aussi
Manquait souvent de pain.
Alors, pour oublier
Au retour du chantier...

Au refrain

VENEZ DANSER MARQUISE

Un sourd bourdonnement,
Léger chuchotement,
C'est dans la la grande salle
L'orchestre qui s'installe.
Le murmure des cordes
Des violons qui s'accordent,
Puis chacun se tient coi
Voici venir le Roi.
Court instant de silence
Et la fête commence.

Refrain :
Venez danser Marquise,
Venez Marquis danser.
Le charme nous conduise
Vers ce jardin secret
À la douceur exquise
Et au parfum discret,
Une terre promise
Pourvue de mille attraits.

Et la danse ensorcelle
Les femmes les plus belles,
Visages doucereux
Aux regards langoureux,
On se fait révérence
Et l'on marche en cadence,

Ambiance merveilleuse
Ô danses gracieuses !
La fête bat son plein
Emportant les chagrins.

Au refrain

PLUS JAMAIS LA GUERRE

Et de nouveau revient la folie,
La grande folie de la guerre.
Depuis l'Europe jusqu'à l'Asie,
Elle embrase la terre entière.
Soudain partout de par le monde
Résonne le sourd bourdonnement
Des avions qui crachent des bombes
Sous lesquelles meurent des enfants,
Des avions qui crachent des bombes
Sous lesquelles meurent des enfants.

        Plus jamais, non plus jamais,
        Plus jamais, plus jamais la guerre.
        Ah ! si les hommes comprenaient
        Qu'il y a tellement mieux à faire.
        Plus jamais, non plus jamais,
        Plus jamais, plus jamais la guerre.
        Plus jamais, non plus jamais,
        Plus jamais, plus jamais la guerre…
                          ad libitum

Extraits de la comédie musicale

« VIVE LA COLO »

créée le 30 mai 1986 par « 7-8 CRÉTEIL »

À LA COLO

Refrain :
À la colo c'est rigolo,
À la colo c'est chouette,
On rigole avec les monos,
On s'éclate comme des bêtes.
À la colo c'est rigolo,
À la colo c'est chouette ?
Même si le dirlo c'est un charlot,
Que l'économe est bête,
À la colo c'est rigolo,
À la colo c'est chouette.

Quelquefois, sur le coup de minuit
On s'amuse aux fantômes.
On va dans le dortoir des petits
Et on fait peur aux mômes.
Puis quand le directeur surgit,
On se tire en courant,
Et comme il est en chemise de nuit,
Qu'il arrive en hurlant,
Ça affole encore plus les petits
Qui pleurent tous en même temps.

Au refrain

À la cantine, c'est épatant,
On bouffe comme des cochons,
Même si le bifteck de temps en temps
Il sent un peu le poisson.

On se gave de pommes de terre,
Et quand y a des petits pois,
On les lance à la petite cuillère,
Comme un mono une fois
Nous a montré qu'il fallait faire
Quand le dirlo n'est pas là.

Au refrain

Le dimanche, on fait des sorties
On va jusqu'à la mer.
On pique-nique parmi les orties
Ça nous fout de l'urticaire.
Après ça, on fait un grand jeu,
Les monos vont se cacher
Pendant au moins une heure ou deux
Le temps qu'ils aient cuvé
Les vins alcools et spiritueux
Qu'ils ont ingurgités.

Au refrain

LE MONDE À L'ENVERS

Entrez dans la forêt magique,
Entrez et vous découvrirez son secret,
Avec ses arbres élastiques,
La rose qui sent le muguet.
Là-haut, sur les fils électriques,
Les oiseaux répètent un grand air d'opéra
Et, de sa baguette magique,
L'éléphant les dirigera

Refrain :
Qu'il serait drôle un monde à l'envers
Où le chasseur aurait peur du lapin,
Où l'éléphant cueillerait des primevères
Et les oiseaux creuseraient des souterrains !

L'autre jour, sur sa bicyclette,
La fourmi se promenait tranquillement.
Peut-être était-elle distraite
En arrivant au croisement.
Elle n'a pas vu sur sa droite
Qu'un rhinocéros avait priorité,
Alors la fourmi maladroite
Tout bêtement l'a écrasé.

Au refrain

Et puis, au bord de la rivière,
Un brave pêcheur venait de s'installer
Et il espérait bien se faire
Quelques truites pour le dîner.

Mais les petites bêtes sont malignes,
Elles ont attendu qu'il fut bien installé,
Et quand il a jeté sa ligne,
Les truites se sont envolées.

Au refrain

NUIT D'ESPOIR

Quand vient le soir,
Lorsque la nuit descend,
Le Soleil plonge
Dans l'océan.
Rouge et puis noir,
Le ciel tout doucement
Prépare les songes
Des cœurs d'enfants.
Seul, un bruit sourd
Monte de l'océan,
Un doux murmure
Apporté par le vent,
Un souffle court
Qui chuchote aux enfants :
« Le ciel est pur
« Tu peux dormir confiant ».

Et puis la brume
Doucement se répand
Et vient planer
Sur l'océan.
Là-haut, la Lune
Brille discrètement
Pour mieux veiller
Sur les enfants.
Ah ! si le rêve
Pouvait durer toujours,
Si à jamais en étant de retour

L'astre solaire
Trouvait un monde entier
Où l'on parlait seulement d'amitié

PROFITONS DE LA VIE

Quand surgit le bout du chemin,
Quand sonne l'heure, quand la fête s'achève,
Quand le dernier lampion s'éteint,
Quand arrive la fin du rêve,
Quand il faut déjà songer à demain
Sans trop savoir ce qu'il sera,
Le vertige nous prend soudain
Et, avant de franchir le pas,
On regarde alors en arrière
Et l'on pense que dans le fond,
Vaines querelles, petites misères,
Le temps des copains c'était bon.

Profitons de la vie, profitons du présent,
Le temps file entre les doigts.
Savourons le bonheur pendant qu'il en est temps,
Il reviendra peut-être pas.
Profitons de la vie, profitons du présent,
Le temps file entre les doigts.
Savourons le bonheur pendant qu'il en est temps
Il reviendra peut-être pas.

UN COPAIN

Refrain :
On a tous à jour besoin
De posséder un copain
Pour lui confier nos secrets
Nos angoisses ou nos regrets,
Un copain qui nous comprend,
Un copain qui nous attend,
Et auquel on peut tout dire,
Le meilleur comme le pire.

On a tous dans nos cœurs,
Quand quelquefois on a peur,
Une maison, un jardin,
Pour accueillir le copain.
On y pense si souvent,
Il est tellement présent,
Que même s'il n'existe pas,
Dans nos rêves il est bien là.

Au refrain

Quand parfois plus rien ne va,
Qu'on a un cœur gros comme ça,
On a envie de pleurer,
De tout envoyer promener,
Heureusement, il y a le copain,
Celui qui nous tend la main,
Qui dans nos rêves d'enfants
Est éternellement présent.

Au refrain

Et le jour où tout va bien,
On est heureux, on est bien,
On est rempli de gaieté
Qu'on voudrait faire partager.
Si, même à ce moment là,
Les autres n'écoutent pas,
Heureusement y a le copain
De nos rêves qui revient.

Au refrain

Extraits de la comédie musicale

« 200 ANS DÉJÀ, COMME LE TEMPS PASSE »

créée en 1989 par « 7-8 CRÉTEIL »

LA FÊTE DE LA FÉDÉRATION

<u>Refrain :</u>
Venez danser c'est la fête,
Venez chanter à tue-tête,
Nous voici enfin réunis
Depuis le Nord jusqu'au Midi.
Après tant et tant de querelles,
Venez chanter la ritournelle,
Finies les disputes, oublié le passé,
Toute la France est réconciliée.

Finies les révoltes d'hier
Et les régimes autoritaires.
Aujourd'hui le peuple et son Roi
Se réconcilient dans la joie.
Au fond il n'est pas si méchant
Et nous sommes un peu ses enfants.
Alors, à présent, tous ici rassemblés,
Jurons-nous fidélité.

Au refrain

Toutes les provinces du pays
Se retrouvent ici à Paris
Pour mieux montrer leur unité,
Pour fêter la fraternité,
Jurer fidélité au Roi,
Et fidélité à la loi.
Ne parlons plus jamais que d'amitié
Toute la France est réconciliée.

Au refrain

L'HOMME EST SEUL

En accédant au pouvoir
L'homme est seul.
Quand il rencontre la gloire
L'homme est seul.
Et pour faire son devoir
L'homme est seul.
Puis un jour face à l'histoire
L'homme est seul.

En face de son miroir
L'homme est seul.
Et quand arrive le soir
L'homme est seul.
Quand tout sombre dans le noir
L'homme est seul.
Il n'y a plus rien à voir,
L'homme est seul.

Si haut que fut son perchoir
L'homme est seul.
Un jour il faudra déchoir,
L'homme est seul.
La gloire est si dérisoire,
L'homme est seul.
Le pouvoir est illusoire,
L'homme est seul.

FALLAIT-IL TANT D'HORREURS

Fallait-il tant d'horreurs ?
Fallait-il tant de sang ?
Fallait-il tant d'erreurs
Et tant d'aveuglement ?
Fallait-il tant d'horreurs ?
Mais fallait-il vraiment
Tant et tant de terreurs,
Tant de débordements ?
Fallait-il tant d'horreurs ?
Tant de larmes et de sang ?
Fallait-il tant de pleurs
Et tant de reniements ?
Fallait-il d'horreurs
Et tant d'affrontements
Pour défendre la liberté ?

Liberté, liberté,
Que d'horreurs commet-on !
Liberté, liberté,
Que de crimes en ton nom !
Que sont-ils devenus
Ceux qui nous promettaient
Pour demain la venue
Du calme et de la paix ?
Reviendra-t-elle jamais
Cette blanche colombe,
Qui là-bas s'envolait
Pour proclamer au monde

Un message de paix,
Un message d'amour,
Qui nous délivrerait
Pour toujours ?

LIBERTÉ

Après tant et tant de peine,
Après tant de sang versé,
De l'Alsace à l'Aquitaine,
De Paris jusqu'en Vendée,
Ils y croyaient tellement
Quand ils criaient liberté,
Que plus jamais leurs enfants
Ne pourront y renoncer.

Refrain :
Liberté, liberté,
C'est le bien qu'ils nous ont confié.
Liberté, liberté,
Tu guideras nos destinées.

Et partout de par le monde,
Nous irons pour proclamer,
Si vrai que la terre est ronde,
Au nom de la liberté :
Renoncez à l'esclavage,
Il n'a plus droit de cité,
Construisons un monde sage
Basé sur l'égalité.

Au refrain

Fasse que ceux de nos pères
Qui ont payé de leur vie,

Lorsqu'ils ont quitté la terre
Aient trouvé le paradis.
Ils y tenaient tellement
À cette chère liberté,
Fasse qu'éternellement
Nous sachions la sauvegarder.

Au refrain

VIVE LA RÉPUBLIQUE

Refrain :
Chantons bien haut vive la République
Et proclamons devant le monde entier
Que désormais parmi nos grands principes
Nous défendrons partout la liberté,
L'égalité et la fraternité.

Le voici révolu le temps de nos grands-pères,
Qui subissaient toujours sans oser répliquer,
Les caprices des rois et leur démarche altière,
Demain tout va changer vive la liberté !
C'en est fini, Messieurs, comtes, ducs ou marquis,
Aujourd'hui s'ouvrent à nous des horizons nouveaux,
C'en est fini, Messieurs, de votre tyrannie,
De tous vos privilèges et des droits féodaux.

Au refrain

Et chaque citoyen pourra dorénavant
Exprimer librement le fond de sa pensée.
Le nom de République sera pour nous garant
Du respect de nos droits, de notre dignité.
La terre de nos pères appartient désormais,
Non plus arbitrairement à des privilégiés,
Elle est le bien commun de nous autres Français,
Et nous le défendrons s'il le faut pied à pied.

Au refrain

Extraits de la comédie musicale

« L'ENFANT DE LA MUSIQUE »

créée en 1990 par « 7-8 CRÉTEIL »

IL EST VENU

Il faisait beau,
C'était le premier jour des vacances.
Il faisait chaud,
C'était aussi notre jour de chance.
Après un an,
Quelle joie d'enfin se retrouver
Dans ce petit bosquet
Où nous devions passer
Tant de moments émerveillés.
Et déjà on faisait
Ensemble des projets
Quand on a entendu chanter :

Hou-ou-ou...

Il est venu,
Un sourire éclairait son visage,
Te souviens-tu ?
Nous avions à peu près le même âge.
Et aussitôt, tout le monde est tombé sous le charme.
Son sourire enchanteur,
Sa voix pleine de douceur,
Nous ont soudain frappés au cœur.
Et tout de suite est née
Entre nous l'amitié,
Et il s'est remis à chanter :

Hou-ou-ou...

Et puis un jour,
Triste jour et puis triste présage,
Il faisait lourd,
Dans le ciel roulaient de gros nuages.
C'est le cœur gros
Qu'il est venu nous faire ses adieux.
Il était notre ami,
Et quand il est parti,
Des éclairs déchiraient la nuit.
Mais peut être qu'un jour
Ils sera de retour,
Il reviendra pour nous chanter :

Hou-ou-ou...

LE CARNAVAL DES ANIMAUX

Ils parcourent le ciel, ils fendent l'air,
Ils volent tout au ras des flots
Pour mieux humer l'odeur de la mer
Dans le sillage des bateaux.
Observez les goélands s'envoler, majestueux,
A la conquête des cieux,
Tandis qu'au-dessous roule la vague
Et que divaguent les flots bleus.

<u>Refrain :</u>

Nous allons danser c'est jour de fête,
Le carnaval des animaux.
Tourner, danser, chanter à tue-tête,
Sur terre, dans l'air, ou bien dans l'eau.

Ils parcourent l'eau, ils fendent l'onde
Et puis surgissent des flots bleus,
Tout là-bas à l'autre bout du monde,
Où brille un soleil radieux.
Observez bien les dauphins,
Est-ce qu'ils n'ont pas l'air heureux
Lorsqu'ils bondissent par jeu,
En parlant pareillement aux hommes
Dans un langage mystérieux ?

Au refrain

Ils sont les plus futés des rongeurs,
Des constructeurs astucieux,
A qui le travail ne fait pas peur
Et qui se montrent ingénieux.
Observez bien les castors,
Qui maîtrisent la rivière
En forgeant une barrière,
Afin que la galerie qu'ils habitent
Ne soit jamais en manque d'eau.

Au refrain

Elle a inspiré tant de poètes,
Elle est un être fabuleux,
Moitié femme et aussi moitié bête,
Mais aux charmes si périlleux.
Lorsque le chant des sirènes
Attirait vers d'autre lieux
Les marins aventureux,
La mer devenait leur ennemie
Pour les engloutir à jamais.

Au refrain

MES AMIS BONJOUR

La Lune pâlit
Petit à petit
Là-haut dans le ciel,
Et puis s'évanouit
Lorsque ressurgit
Enfin le soleil.
Et l'oiseau de nuit
Retrouve son nid,
Il a bien sommeil.
Et tout reprend vie,
Tout s'animent aussi
Et tout s'émerveille.

<u>Refrain :</u>
Et le soleil paraît
Là-bas à l'horizon,
Et l'air est encore frais
Le temps d'une chanson.
Et tous les oiseaux
Viennent siffloter
Pour mettre à nouveau
Un peu de gaieté,
Et tout ce tapage
N'est qu'un long discours
Pour un seul message :
« Mes amis bonjour »

Et fini l'ennui,
Et l'angoisse aussi,
Tout était si noir.
Et tout reprend vie,
Tous s'anime aussi,
Et renaît l'espoir.
Observe la vie,
Elle est si jolie,
Un simple regard,
Un brin de folie,
Un sourire aussi
Chasse le brouillard.

Au refrain

PAR ICI OU PAR LÀ

Notre ami a soudain disparu.
Où est-il et qu'est-il devenu ?
Qui l'a enlevé ?
Qui l'a embarqué ?
Pas de doute il faut le retrouver.
Disparu mais on ne sait pourquoi,
Disparu tout là-bas dans les bois,
Mais pourquoi au fond,
Que lui voulait-on ?
Il nous faudra percer ce mystère.
Alors plein d'ardeur,
De tout notre cœur,
Jurons de retrouver notre frère

<u>Refrain :</u>
Par ici, ou par là,
Regardons vers le haut, vers le bas.
Devant ou derrière soi,
Cherchons bien on le retrouvera.

Quand on a un copain dans la vie,
Un copain, un véritable ami
Que l'on aime bien
Et auquel on tient
Pour lui on ferait n'importe quoi.
On pourrait le chercher n'importe où,
À New York, en Chine, à Tombouctou,
Jusqu'au bout du monde
Et, si la terre est ronde,

On pourrait y tourner sans arrêt
Pour le retrouver
Et pour le sauver
Car l'amitié ne s'éteint jamais.

Au refrain

ECOUTE CETTE MUSIQUE

<u>Refrain :</u>
Écoute bien cette musique,
Écoute bien écoute-la,
Ces quelques notes synthétiques
Semblant venir de l'au-delà.
Écoute bien cette musique,
Écoute bien écoute-la.
Elle sonne comme un cantique
Et soudain elle vous prend là.

Un petit air de rien du tout
Qui vient se loger dans la tête,
Le voilà qui vous suit partout
Et puis sans cesse se répète.
Un petit air de rien du tout
Qui vient se loger dans le cœur,
Ce n'est pas grand-chose après tout
Mais c'est un morceau de bonheur.

Au refrain

Un petit air tout ordinaire,
Avec ou sans paroles ma foi,
Simplement quelques la la lère
C'est bien suffisant quelquefois
Pour vous rendre mélancolique
Ou, au contraire, vous mettre en joie.
Rien ne dit mieux que la musique
Ce qu'on ressent au fond de soi.

Au refrain

LA LUNE EST LÀ

Le Soleil plonge
Tout là-bas dans la mer,
Le temps des songes
Est de retour sur terre.
Et tout s'endort,
Et soudain tout se tait.
Le vent du nord
Nous murmure en secret :

Refrain :
La Lune est là qui brille tout là-haut.
Regardez-la se mirer dans les flots.
Les vagues dansent, berçant les matelots.
La mer immense n'est plus que leur berceau.

Juste un murmure,
C'est le souffle du vent.
Dans la ramure,
Comme un chuchotement.
Instant de trêve,
C'est le temps du repos,
Et sur la grève
Viennent mourir les flots.

Au refrain

Puis, quand tout dort,
On n'entend plus que lui
Qui chante encore
Au milieu de la nuit,

Ce vieil hibou
Qui là-bas nous redit :
« Reposez-vous
« Moi je veille à la vie ».

Au refrain

IL NE FAUT JAMAIS DIRE ADIEU

<u>Refrain :</u>
Il ne faut jamais dire adieu,
Il faut se fier à la chance.
Il faut croire que la providence
Un beau jour nous réunira.
Il ne faut jamais dire adieu,
Il faut toujours garder confiance,
Car quelles que soient les circonstances,
Un jour on se retrouvera

Rien n'est plus fort que l'amitié
Et, quand elle est vraiment sincère,
Elle est plus dure que la pierre,
Elle est plus dure que l'acier.
Et l'on a toujours une place,
Quelque part au fond de son cœur,
Pour garder un peu de bonheur
Et des souvenirs que rien n'efface.

Au refrain

S'il faut parfois se séparer,
Ne cédons pas à la tristesse,
Ne sombrons pas dans la détresse,
Viendra l'heure de se retrouver.
Il suffit seulement d'y croire
Et de ne jamais oublier
Que c'est au fond de la mémoire
Que se logent les amitiés.

Au refrain

Aujourd'hui c'est un au revoir,
Mais déjà songeons à demain,
Regardons au bout du chemin
Où brille une lueur d'espoir.
Et qu'importe le temps qui passe,
Quand on a connu l'amitié,
Rien ne l'altère, et quoi qu'on fasse
Elle ne saurait être entaillée.

Au refrain

CHANTE ET DANSE

<u>Refrain :</u>
Chante et danse autour de la terre,
Chante et danse dans tout l'univers,
Chante et danse viens t'amuser,
Chante et danse cesse de pleurer.
Chante et danse autour de la terre,
Chante et danse dans tout l'univers,
Chante et danse éclate de joie,
Chante et danse et tu seras roi.

Pense à ton bonheur d'être libre,
Profite de la joie de vivre,
Tends l'oreille et ouvre les yeux,
Savoure l'instant merveilleux.
Offre toi et ouvre ton cœur
Et tu connaîtras le bonheur,
Pense aux autres, pense à donner,
Sache aimer, tu seras aimé.

Au refrain

Chante, libre comme l'oiseau
Quand il s'envole tout là-haut.
Danse, léger en virevoltant
Comme la feuille dans le vent.
Chante comme la source claire
Qui jaillit soudain de la terre.
Danse, danse comme le ruisseau,
Heureux comme un poisson dans l'eau.

Au refrain

Oublie tes querelles d'hier,
Tends la main, souris à ton frère.
Regarde loin vers l'avenir,
Tu te griseras de plaisir.
Ne pense plus à tes soucis,
Rejette-les loin dans l'oubli,
Chasse à tout jamais la tristesse,
Chantent et dansent dans l'allégresse.

Au refrain

Extraits de la comédie musicale

« MINUIT L'HEURE DU CHEVAL »

créée en 1991 par « 7-8 CRÉTEIL »

UN COIN DE TERRE

Refrain :
On a toujours un coin de terre
Au fond du cœur,
Jardin secret, jardin mystère,
Porte bonheur,
Où tant de souvenirs s'entassent
Sans même qu'on sache pourquoi,
Des souvenirs que rien n'efface,
Qu'on garde en soi.

On partait main dans la main,
C'était le temps des copains,
Sans penser à rien,
On était si bien.

Au refrain

Qu'on soit petit qu'on soit grand,
Il file, file le temps,
Et soudainement
Le regret nous prend.

Au refrain

Et puis un jour sans ambages
Il nous faut tourner la page,
S'armer de courage,
Et plier bagage.

Au refrain

LE SOUCI

Refrain :
Quand un souci s'est mis en tête,
Un souci qu'on voudrait chasser,
Une idée qui vous embête,
Mais comment s'en débarrasser ?
On la chasse par la fenêtre,
Elle revient de l'autre côté.
Elle vous trotte dans la tête,
Rien à faire pour s'en séparer.

Une idée qui vous exaspère
Et qui vient vous déranger,
Qui s'incruste par quel mystère
Et que l'on voudrait bien chasser.
On essaie, mais rien à faire,
La voilà qui s'est installée.
Pas possible de la faire taire,
Elle est là bien accrochée.

Au refrain

Pour le tuer on a beau faire,
On a beau tout essayer,
Tout tenter, mais rien à faire,
Le souci est bien installé.
Au fond d'un grand trou on l'enterre
Et quand tout est bien rebouché,
On se retourne il est derrière,
Il vous nargue les bras croisés.

Au refrain

Et l'on a beau jouer les forts,
Prendre l'air décontracté,
Rien à faire il est le plus fort,
Pas possible de le mater.
C'est la conscience d'Hugo Victor
Que Caïn ne peut repousser,
Et si par hasard on s'endort,
Le souci vient vous réveiller.

Au refrain

Extraits de la comédie musicale

« CHÈRE JEANNE »

créée en 1992 par « 7-8 CRÉTEIL »

LA BERGÈRE ET L'HISTOIRE

Oyez donc braves gens, oyez, oyez l'histoire
D'une jeune bergère que le ciel appela
À quitter ses moutons pour entrer dans l'histoire
Rendre au trône de France son plus brillant éclat.
À l'heure où le pays était au désespoir,
Elle surgit soudain pour redonner confiance
À ceux qui dépeignaient l'avenir tout en noir
Et qui déjà portaient le deuil de la France.

<u>Refrain :</u>
Elle était bien là-bas au milieu des brebis,
Quand elle filait la laine en gardant son troupeau,
Mais le ciel a voulu qu'elle quitte son pays
Pour hisser le drapeau et qu'ils flotte bien haut.

Partie de Domrémy, tout là-bas en Lorraine,
Elle a tout délaissé : ses parents, ses amis,
Fait dont de son amour, fait dont de sa vie même.
Elle a tout sacrifié pour sauver son pays.
Elle revêtit l'armure là-bas à Vaucouleurs
Pour aller à Chinon retrouver le dauphin
Afin de mieux l'aider à dominer sa peur
Et pour que le pays se ressaisisse enfin.

Au refrain

Et toujours plus vaillante, toujours plus volontaire,
Elle devait bientôt délivrer Orléans,
Réduisant l'ambition du souverain d'Angleterre,
Brandissant l'étendard de nouveau éclatant.

Puis la voilà partie sur la route de Reims,,
Ayant rendu confiance à toute son armée
Afin d'y faire sacrer le pauvre petit prince,
Celui que les Anglais avaient dépossédé.

Au refrain

IL ÉTAIT UNE BERGÈRE

<u>Refrain :</u>
Il était une bergère, digue digue don daine,
Qui gardait ses moutons ton ton,
Qui gardait ses moutons.
Tout là-bas en Lorraine, digue digue don daine,
Jouait du mirliton ton ton en gardant ses moutons,
Jouait du mirliton ton ton en gardant ses moutons.

Presque cent ans de guerre
Répandent un goût amer,
Désastre humanitaire
Mais que peut-on bien faire ?
Fougueux Roi d'Angleterre,
Ambitieux, téméraire,
Plonge dans la misère
La France tout entière.

Au refrain

Un jour, au pâturage,
Elle faisait son ouvrage.
Petite fille sage,
Sage comme une image.
Quand survint un orage,
Lequel fit grand tapage,
Puis surgit d'un nuage
Le porteur du message.

<u>L'ange</u>
– Va-t'en chercher le roi de France,
Lui a dit l'ange, lui a dit l'ange,
– Va-t'en chercher le roi de France,
  À Chinon tu le trouveras.

<u>Jeanne</u>
– Mais comment faire, comment m'y prendre,
  Messire l'ange, Messire l'ange,
  Comment le trouverai-je là-bas
  Ce roi que je ne connais pas ?

Au refrain

<u>L'ange</u>
– Aie du courage et prends confiance,
Lui a dit l'ange, lui a dit l'ange,
– Aie du courage et prends confiance,
  Sûr que tu le reconnaîtras.

<u>Jeanne</u>
– Si Dieu le veut, j'aurai confiance,
  Messire l'ange, Messire l'ange,
  Si Dieu le veut il m'aidera,
  Demain j'irai trouver le roi.

Au refrain

PETIT PRINCE TU TE CACHES

<u>Refrain :</u>
Petit prince tu te caches,
N'aie pas peur ne soit pas lâche,
Et masque ton désarroi,
Tu es né pour être roi.
Ne fais pas triste figure,
Tout ton peuple t'en conjure,
Un jour tu triompheras,
Et Dieu te protégera.
Tu trouveras dans l'épreuve
Une ardeur toute neuve.
C'est la voix de ta conscience
Qui te dit « reprend confiance ».
Petit prince tu te caches,
N'aie pas peur ne soit pas lâche,
Et masque ton désarroi,
Tu es né pour être roi.

Que l'on soit de sang royal
Ou de naissance banale,
On n'en demeure pas moins homme,
On est tous égaux en somme,
Et confrontés au malheur,
On connaît les mêmes peurs,
Et seule la volonté
Permet de les surmonter.

Au refrain

<u>Jeanne</u>
– Je suis par Dieu envoyée,
  Afin de vous supplier
  De redonner à la France
  Sa grandeur et sa puissance.

<u>Le dauphin Charles</u>
– Mais je ne suis pas le Roi.
  Ne t'adresse point à moi.
  C'est plutôt à celui-là
  Que tu devrais dire cela.

au refrain

<u>Jeanne</u>
– Ne trichez pas Monseigneur.
  Je sais que vous avez peur
  Mais par ma voix Dieu vous parle,
  À vous petit prince Charles.

<u>Le dauphin Charles</u>
– Je vous jure que nenni,
  Et que le Roi c'est bien lui.
  Demandez à tous ces gens,
  Ils vous le diront céans.

au refrain

LA PEUR

Refrain :
La vie perd toute consistance
Quand la peur vous colle à la peau.
Plus rien n'a vraiment d'importance
Quand le courage fait défaut.
Pourtant dans la désespérance,
Le devoir sublime bientôt,
Fait surmonter la défaillance,
Et ainsi naissent les héros.

<u>Le dauphin Charles</u>
J'ai peur, j'ai peur, je n'y puis rien.
Je ne peux réduire mon angoisse.
Je tremble des pieds et des mains,
Et chaque jour ces frayeurs croissent.

Au refrain

Petit prince, réveille-toi !
N'aie plus peur le ciel t'aidera.
Petit prince, aie foi en toi,
Et ainsi tu triompheras.

Au refrain

LIBÉRER ORLÉANS

Une étoile brille dans le noir,
Signe du ciel, lueur d'espoir,
Et dedans la ville assiégée
On se reprend à espérer.
Toutes ces troupes qui menacent,
À nos yeux ne trouveront grâce,
Demain nous bouterons l'Anglais,
Nous le chasserons sans délai.

Refrain :
Nos soldats iront de l'avant.
Nous libérerons Orléans.
Nous chasserons l'envahisseur
Car il y va de notre honneur.
Forts de cette nouvelle gloire,
À jamais gravé dans l'histoire,
Nous combattrons dorénavant
Pleins de fougue et plein d'allant.

Tu nous protèges en cette nuit,
Tu nous gardes de l'ennemi,
Tout autour dans la plaine immense
Il règne un angoissant silence.
On éprouve un énorme trac,
Celui qui précède l'attaque,
Car demain sera le grand jour,
Nous montrerons notre bravoure.

Au refrain

Tant de sang a déjà coulé,
Tant de larmes ont été versées,
Vienne enfin le moment propice
De réparer tant d'injustices.
Que les courageux combattants,
Qui pour nous ont versé leur sang,
Au moins ne soit pas mort pour rien,
C'est pour cela que dès demain :

Au refrain

À présent, dans la nuit profonde,
Là-bas au loin le canon gronde.
Tandis que s'égrainent les heures,
L'angoisse nous étreint le cœur.
Toute seule, Jeanne sourit.
Elle se souvient que l'ange a dit
Qu'ici elle sauverait la France,
Alors elle garde confiance.

Au refrain

LE SACRE

Petit Charles s'avance
Encore toute tremblotant,
Parmi la foule immense
Qui l'acclame à présent.
Il reprend assurance,
Se dresse maintenant
En reprenant conscience
Du devoir de son rang.

Refrain :
Sonnez cloches de France !
Sonnez cloches d'airain !
Et que partout en France
Résonne le tocsin.
Enfin renaît l'espoir,
Le pays tout entier
Célèbre sa victoire,
Son honneur retrouvé.

Oublié le passé,
Tristes jours d'autrefois,
Le pays humilié,
Honteux traité de Troyes.
La légitimité
Retrouve enfin ses droits
Quand plein de dignité
Enfin paraît le Roi.

Au refrain

Le voilà revêtu
De ses plus beaux atours.
On le disait battu
Il ressort au grand jour.
C'est Dieu qui restitue
Au pays pour toujours
Ses plus nobles vertus,
Son honneur, sa bravoure.

Au refrain

NE PLEURE PAS

Au fond du cachot sans lumière,
Aujourd'hui Jeanne désespère.
Toute seule au creux de son lit,
Grelottante, toute transie.
Hier elle a connu la gloire,
Elle marchait vers la victoire,
Mais à présent tout est fini,
Demain elle quittera la vie.

Refrain :
Ne pleure pas petite Jeanne,
Tu t'en vas vers le paradis,
Et déjà les anges t'acclament,
Chantent tes louanges à l'infini.
Ne pleure pas, sèche tes larmes,
Tu t'en vas vers une autre vie
Où l'on ne porte plus les armes,
Où il n'y a plus d'ennemis.

Elle se souvient de son enfance,
Petite vie sans conséquences,
Quand elle gardait ses moutons
Loin de la poudre du canon.
Heureuse, elle le fut naguère,
Auprès de son père et sa mère,
Mais à présent tout est fini,
Demain elle quittera la vie

Au refrain

Elle songe aux amis d'autrefois,
À ceux en qui elle avait foi,
À ceux qui lui ont fait confiance
Pour libérer la terre de France.
Elle a fêté tant de victoires
Qui chaque fois boostaient l'espoir,
Mais à présent tout est fini,
Demain elle quittera la vie

Au refrain

Sur le pauvre petit visage
De la petite fille sage,
Des larmes roulent doucement.
C'est le désarroi maintenant.
Voici venu le dernier soir,
Tout se brouille et tout devient noir,
Car à présent tout est fini,
Demain elle quittera la vie.

Au refrain

CHÈRE JEANNE

Une alouette est passée dans le ciel,
Ravivant la flamme de la paix,
Pour rendre à la vie son goût de miel,
Restituer son parfum au muguet.
Une alouette est passée tout là-haut
Pour livrer son message d'espoir,
Et qu'à jamais flotte le drapeau
Et son nom gravé dans nos mémoires.

<u>*Refrain :*</u>
Chère Jeanne,
Brave Jeanne,
On ne t'oubliera pas de sitôt.
Chère Jeanne,
Brave Jeanne,
Que ton étendard flotte bien haut.
Chère Jeanne,
Brave Jeanne,
Au firmament tu brilles à jamais,
Et revienne le mois de mai
Pour célébrer ta gloire désormais.

On se souviendra de Domrémy,
Ce coin perdu là-bas en Lorraine,
De Vaucouleurs où tu partis,
Toute fière comme une petite reine.
On se rappellera de Chinon,
Là où tu retrouvas le dauphin,

Afin de lui redonner son nom,
Afin qu'il reprenne place enfin.

Au refrain

Toi, qui jamais ne perdis confiance,
Qui devais délivrer Orléans,
Rendant espoir à toute la France
De voir un jour chassé l'occupant.
Il se souviendra le petit prince,
De son avènement dans la gloire,
Quand dans la cathédrale de Reims
Il entra à jamais dans l'histoire.

Au refrain

LISTE ALPHABETIQUE DES CHANSONS

Adieu les amis....................................48
À la colo..95
À quoi rêvent les enfants................76
Avoir dix ans..................................46
Chante et danse............................130
Chère Jeanne................................154
Chou bijou caillou..........................65
Du soleil... au soleil.........................9
Écoute cette musique...................125
En pleine forêt vierge....................55
Fallait-il tant d'horreurs................109
Il était une bergère.......................143
Il est venu....................................117
Il ne faut jamais dire adieu...........128
Imbroglio familial...........................15
Jo la terreur...................................28
Jouet mécanique............................13
Julien...60
La bergère et l'histoire.................141
La fête au village...........................18
La fête de la fédération................107
La leçon du lutin............................73
La lune est là...............................126
La machine à voyager...................51
La machine est détraquée.............53
La marche des Romains................83
La peur..147
La vague..36
Le carnaval des animaux.............119
Le jour s'achève............................67
Le monde à l'envers......................97
Le muet...30
Le père Noël est en grève.............21

Le nouveau stade	43
Le sacre	150
Le soleil et la lune	58
Le souci	136
Les jeux olympiques	38
Les petites têtes	41
Les rois fainéants	84
Libérer Orléans	148
Liberté	111
L'histoire de l'histoire	25
L'homme est seul	108
Maman	23
Mes amis bonjour	121
Ne pleure pas	152
Nos ancêtres les gaulois	81
Nuit d'espoir	99
On se retrouvait	87
Par ici ou par là	123
Petit prince tu te caches	145
Plus jamais la guerre	91
Profitons de la vie	101
Quand revient le joli mai	34
Tommy menteur	11
Un coin de terre	135
Un copain	102
Une chanson	7
Venez danser Marquise	89
Vive la République	113
Vive l'amitié	68